EXERCICES DE TENUE DES LIVRES

EN PARTIE SIMPLE

DIVISÉS EN TROIS CAHIERS

RENFERMANT LA DÉFINITION DES EFFETS DE COMMERCE, LES PRESCRIPTIONS DE LA LOI ET LES EXPLICATIONS
NÉCESSAIRES A LA RÉDACTION DU **BROUILLARD**, DU **JOURNAL**, DU **GRAND-LIVRE**, AINSI
QUE DES LIVRES AUXILIAIRES DE **CAISSE**, D'ENREGISTREMENT DES **EFFETS**
A RECEVOIR, DES **EFFETS A PAYER** ET DU LIVRE
D'INVENTAIRES.

A l'usage des Écoles primaires

Par B. DÉTRICHÉ

Régent des cours spéciaux au Collège de Saumur, Officier d'Académie.

PARTIE DU MAITRE

ANGERS

IMPRIMERIE-LIBRAIRIE DE E. BARASSÉ, RUE SAINT-LAUD, 83
et chez tous les Libraires du Département.

1863

J. P. GUZZI

Grammaire anglaise, *1re partie*, rédigée sur le plan des Grammaires françaises de Lhomond, Noël et Chapsal, Poitevin, etc., avec un *Cours de thèmes* sur les différentes parties du discours (3e édition). — Prix..... **1 fr. 50**

Grammaire anglaise, *2e partie*, rédigée sur le plan des Grammaires françaises de Lhomond, Noël et Chapsal, Poitevin, etc., avec un *Cours de thèmes* sur la syntaxe (2e édition). — Prix..... **2 fr.**

Recueil de Versions anglaises, ou Morceaux choisis en prose et en vers des meilleurs classiques anglais, avec des notes grammaticales. — Tome I, à l'usage des classes de Troisième et de Seconde (2e édition). — Prix..... **1 fr. 50**

Recueil de Versions anglaises, ou Morceaux choisis en prose et en vers des meilleurs classiques anglais, avec des notes grammaticales. — Tome II, à l'usage des classes de Rhétorique et de Logique. — Prix..... **2 fr.**

Traduction du Recueil de Versions anglaises, ou Morceaux choisis en prose et en vers des meilleurs classiques anglais, avec des notes grammaticales. — Tome I. — Prix..... **1 fr. 50**

Dialogues familiers, ou introduction à la Conversation anglaise sur toutes sortes de sujets, précédés d'un Vocabulaire des noms, des adjectifs et des verbes les plus usités, conformément au plan d'études de 1852 (2e édition). — Prix..... **1 fr. 50**

ALIX ET DAVAU

Grammaire française, rédigée d'après les règles de l'Académie, 4e édition revue avec le plus grand soin. Ouvrage divisé en deux parties : la partie élémentaire, et une autre partie pour les élèves plus avancés. Adopté à l'école des Arts et Métiers d'Angers, et dans beaucoup de maisons d'éducation. Un fort vol. in-12. — Prix, cart. **2 fr.**
    L'Abrégé. Un vol. — Prix. **1 fr.**

La Grammaire française en exemples, ou Exercices grammaticaux extraits des Auteurs français. Un vol. in-12. — Prix, cart. **2 fr.**
    L'Abrégé. Un vol. — Prix. **1 fr.**

L'ABBÉ TARDIF

Méthode élémentaire et pratique de Plain-Chant, approuvée par Mgr l'évêque d'Angers, à l'usage de tous les diocèses et particulièrement à ceux qui ont adopté le chant de Rennes. — Un beau vol. in-8 raisin. — Prix..... **3 fr. 50**

DEBEAUVOYS

Guide de l'Apiculteur. 6e édition revue, corrigée et augmentée de deux chapitres sur la fécondation et sur les combats des reines, enrichie de nouvelles grav. — Un vol. in-12 avec planches. — Prix. **2 fr. 50**

F. LECOY

Tarif pour le cubage des bois carrés et ronds, et Nouvelles et anciennes Mesures, suivi d'un *Tarif pour le poids d's Fers et de Tables pour les superficies*. Ouvrage à l'usage des ouvriers, entrepreneurs, architectes, et en général utile à tous ceux qui s'occupent de la construction des bâtiments civils, militaires et navals. — Un vol. in-12. — Prix..... **3 fr. 50**

AUG. BRISEBARRE

Manuel expliqué de portatif de gros, à l'usage des marchands de vins, cidre, eaux-de-vie et liqueurs, etc., avec différents Tableaux de réductions ou coupages des Alcools ou d'après le Bureau de l'administration des Contributions indirectes. — Prix..... **1 fr.**

EXERCICES DE TENUE DES LIVRES

EN PARTIE SIMPLE

DIVISÉS EN TROIS CAHIERS

RENFERMANT LA DÉFINITION DES EFFETS DE COMMERCE, LES PRESCRIPTIONS DE LA LOI ET LES EXPLICATIONS NÉCESSAIRES A LA RÉDACTION DU **BROUILLARD**, DU **JOURNAL**, DU **GRAND-LIVRE**, AINSI QUE DES LIVRES AUXILIAIRES DE **CAISSE**, D'ENREGISTREMENT DES **EFFETS A RECEVOIR**, DES **EFFETS A PAYER** ET DU LIVRE D'INVENTAIRES.

A l'usage des Écoles primaires

Par R. DÉTRICHÉ

Régent des cours spéciaux au Collége de Saumur, Officier d'Académie.

———◆◇◆———

ANGERS

IMPRIMERIE-LIBRAIRIE DE E. BARASSÉ, RUE SAINT-LAUD, 83
et chez tous les Libraires du Département.

—

1863

DEUXIÈME PARTIE.

EXERCICES À L'USAGE DU MAITRE.

Les embarras qu'éprouvent quelques jeunes Maîtres quand il s'agit de donner aux enfants des notions de tenue de livres, le désir qu'ils nous ont exprimé bien souvent de connaître notre méthode à ce sujet, nous ont engagé à faire imprimer ces petits exercices, destinés, jusqu'à ce jour, à l'usage exclusif de nos élèves de première année. Nous avons écarté, avec le plus grand soin, toute théorie superflue ou inutile à la tenue des livres en partie simple.

Une longue expérience nous a démontré que toutes nos explications sont à la portée des enfants; elles sont même si élémentaires qu'elles pourront bien passer pour vulgaires aux yeux de quelques personnes. Mais l'exercice et la pratique apprennent bien vite aux hommes qui se vouent à l'enseignement, que les enfants ne savent rien par eux-mêmes, qu'ils éprouvent d'assez grandes difficultés pour apprendre et retenir les choses les plus faciles, et qu'enfin, les explications les plus simples et les plus courtes sont souvent les meilleures. Nous n'avons jamais oublié, du reste, que nos exercices sont destinés à des enfants de 11 à 13 ans; nous nous sommes donc borné aux éléments les plus nécessaires et les plus importants.

Les trois cahiers, qui composent la première partie, sont à l'usage des élèves, et renferment ce qui doit être appris par eux.

Lorsque les définitions et les explications du premier cahier seront sues convenablement, que les enfants seront familiarisés avec les expressions les plus fréquemment employées dans le langage tout particulier du teneur de livres, le Maître prendra la deuxième partie, ou exercices à son usage. Il dictera cinq ou six articles du brouillard et fera alors apprendre les explications en tête du deuxième cahier. Après cette étude, les élèves pourront passer eux-mêmes les articles du brouillard au journal. La même marche sera suivie avant d'aborder le grand-livre.

En faisant le relevé des articles du journal pour les porter au grand-livre, on devra expliquer aux élèves l'usage et la tenue des livres de caisse, d'effets à recevoir, d'effets à payer, en leur faisant inscrire successivement sur ces livres les articles qui doivent y figurer. On s'assurera par de fréquents exercices au tableau que les élèves ont compris ce qu'ils ont fait, s'en sont rendu compte et sont en état d'en faire eux-mêmes l'application dans des exemples qui leur seront dictés.

Cette méthode employée et suivie par nous depuis plus de 20 ans a toujours donné de bons résultats.

Nous nous estimerons heureux, si ces petits exercices que nous offrons aux jeunes instituteurs peuvent contribuer à faire naître et à développer le goût d'une étude qui devient chaque jour plus nécessaire.

BROUILLARD.

	FR.	C.	FR.	C.
2 *janvier* 1864.				
J'ai acheté les objets mobiliers suivants que j'ai payés comptant :				
Un bureau.	150			
Une pendule de cabinet.	100			
Une table.	20			
Une douzaine de chaises.	40		310	
Du 3 *id.*				
Vendu à M. Georget, de Bourgueil, suivant facture :				
4 barriques de vin blanc ordinaire, à 80 fr. la barrique.	320			
Une barrique vin blanc 1ʳᵉ qualité, à 200 fr.	200			
30 bouteilles de Cognac, à 3 fr. la bouteille.	90		610	
Du 4 *id.*				
Acheté à Brunet, de Montreuil, suivant facture :				
10 barriques de vin blanc, à 60 fr. l'une.	600			
25 pièces de vin rouge, à 80 fr. la pièce.	2000		2600	
Du 4 *id.*				
Reçu de M. Simon, de Doué, valeurs en compte :				
En espèces.			600	
Du 5 *id.*				
Acheté de Robin, de Vihiers, suivant facture :				
200 kilog. de fil, à 3 fr. le kilog.	600			
2 pièces de toile de 30 mètres chacune, ensemble 60 mètres, à 3 fr. le mètre.	180		780	
Du 5 *id.*				
Remis ce jour à M. Girard, d'Angers :				
Espèces à valoir en compte.			400	
Du 6 *id.*				
Vendu à M. Denis, de Gennes, suivant facture :				
5 barriques de vin blanc, à 70 fr. la barrique. . . .	350			
4 id. vin rouge, à 80 fr. la barrique. . . .	320			
25 bouteilles de Champagne, à 2 fr. la bouteille. . . .	50		720	

2

	FR.	C.	FR.	C.
Du 6 janvier 1864.				
Acheté au comptant de Baron, de Cholet, les marchandises suivantes :				
360 mètres de toile, à 4 fr. le mètre.	1440			
3 douzaines de mouchoirs, à 15 fr. la douzaine. . . .	45		1485	
Du 7 id.				
Acheté de M. Grosbois, d'Angers, suivant facture :				
400 mètres de percale, à 3 fr. le mètre.	1200			
100 kilog. de fil, à 2 fr. le kilog.	200		1400	
Du 8 id.				
Vendu à M. Logerais, de Baugé, suivant facture :				
4 pièces de toile de 50 mètres chacune, ensemble 200 mètres, à 4 fr. 50 le mètre.	900			
50 mètres de calicot, à 2 fr. le mètre.	100		1000	
Du 8 id.				
Acheté de M. Delahaie, de Chinon, suivant sa facture :				
30 barriques de vin rouge, à 50 fr. la barrique. . . .			1500	
Du 9 id.				
Reçu de M. Georget, de Bourgueil, valeur en compte :				
S/. B/. M/. O/., au 1er avril 1864.			400	
Du 10 id.				
Reçu de M. Denis, de Gennes, valeur en compte :				
S/. B/. M/. O/., au 1er mars 1864.			500	
Du 11 id.				
Vendu à M. Bélot, de Longué, suivant facture :				
4 barriques de vin blanc, à 90 fr. la barrique. . . .	360			
2 barriques de vin rouge, à 100 fr. l'une.	200		560	
Du 12 id.				
Remis à M. Grosbois, d'Angers, valeurs en compte :				
En espéces.	200			
M/. B/. S/. O/., au 15 février 1864.	800		1000	

	FR.	C.	FR.	C.
Du 13 janvier.				
Acheté de M. Toulon, de Montsoreau, les marchandises suivantes, qu'il m'a livrées aujourd'hui :				
4 barriques de vin blanc, à 75 fr. la barrique. . . .	300			
5 barriques de vin blanc, à 80 fr. la barrique. . . .	400		700	
Du 14 id.				
Versé à la caisse de M. Durand, mon banquier, les valeurs suivantes :				
En espèces.	1000			
B/. de Teissier, de Chinon, 1er mars 1864.	1000		2000	
Du 15 id.				
Acheté à M. Moreau, de Beaufort :				
10 douzaines de serviettes, à 20 fr. la douzaine. . .	200			
Deux pièces de toile de 60 mètres chacune, ensemble 120 mètres, à 2 fr. 50 le mètre.	300		500	
Du 16 id.				
Vendu à M. Delahaie, de Chinon, suivant facture :				
20 douzaines de mouchoirs, à 20 fr. la douzaine. . .	400			
Une pièce de toile de 80 mètres, à 3 fr. le mètre. . .	240			
10 douzaines de serviettes, à 22 fr. la douzaine. . .	220		860	
Du 17 id.				
M. Delahaie m'a remis à valoir :				
En espèces.	400			
Escompte que je lui ai accordé.	10			
Un billet S/. O/., de Delarue, de Tours, 1er mars 1864.	450		860	
Du 18 id.				
Acheté de M. Langlois, de Cholet, suivant sa facture :				
50 douzaines de mouchoirs, à 12 fr. la douzaine. . .	600			
20 douzaines de serviettes, à 20 fr. la douzaine. . .	400		1000	
Du 18 id.				
J'ai remis en compte, à M. Langlois, les valeurs suivantes :				
En espèces.	400			
Un billet de M. Denis, de Gennes, au 1er mars 1864. .	500		900	

	FR.	C.	FR.	C.
Du 19 janvier.				
Vendu à M. Rochard, de Vihiers, suivant facture :				
100 mètres de toile, à 3 fr. le mètre.	300			
10 douzaines de serviettes, à 22 fr. la douzaine..	220			
10 douzaines de mouchoirs blancs, à 15 fr. la douzaine.	150		670	
Du 19 id.				
M. Rochard m'a remis à valoir :				
En espèces.	200			
S/. B/. M/. O/., au 15 mars 1864.	400		600	
Du 20 id.				
J'ai remis aujourd'hui à M. Langlois, de Cholet, à valoir :				
En espèces.			300	
Du 21 id.				
Vendu à M. Logerais, de Baugé, suivant facture :				
30 douzaines de mouchoirs blancs, à 15 fr. la douzaine.	450			
5 douzaines Cambrai, à 20 fr. la douzaine.	100			
20 mètres de coton, à 2 fr. 50 le mètre.	50		600	
Du 21 id.				
Vendu à M. Georget, de Bourgueil, suivant facture :				
6 barriques de vin blanc, à 80 fr. la barrique.	480			
2 barriques vin rouge, à 90 fr. la barrique.	180		660	
M. Georget m'a remis à valoir :				
En espèces.	400			
S/. B/. M/. O/., au 25 février 1864.	200			
Du 22 id.				
Acheté à M. Thibault, de Saint-Florent, les marchandises suivantes :				
15 barriques de vin blanc, à 70 fr. la barrique.	1050			
100 bouteilles de Champagne, à 2 fr. la bouteille.	200			
50 bouteilles de Cognac, à 3 fr. la bouteille.	150		1400	
Du 22 id.				
Vendu à M. Denis, de Gennes, suivant facture :				
4 barriques de vin rouge, à 100 fr. la barrique.	400			
4 barriques de vin blanc, à 85 fr. la barrique.	340			
20 litres de Cognac, à 3 fr. 50 le litre.	70			
25 bouteilles de Champagne, à 3 fr. la bouteille.	75		885	

	FR.	C.	FR.	C.
Du 22 janvier.				
M. Denis m'a remis à valoir :				
Un B/. S/. O/., sur Aubert, de Tours, 1er avril 1864. .	400			
Un B/. S/. O/., sur Hubert, d'Angers, 15 mars 1864. .	300			
En espèces.	100		800	
Du 23 id.				
Versé à la caisse de M. Durand, mon banquier, les valeurs suivantes :				
En espèces.	1000			
B/. M/. O/., de M. Georget, au 15 février 1864. . . .	200			
B/. M/. O/., de Vezin, de Mazé, 1er avril 1864. . . .	1000		2200	
Du 23 id.				
Vendu à M. Bélot, de Longué, suivant facture :				
50 bouteilles de Champagne, à 2 fr. 50 la bouteille. .	125			
40 bouteilles de Cognac, à 4 fr. la bouteille. . . .	160		285	
M. Bélot m'a remis à valoir :				
En espèces.	100			
Du 24 id.				
Vendu à M. Rochard, de Vihiers, suivant facture :				
5 pièces de toile de 40 mètres la pièce, ensemble 200 mètres, à 2 fr. 50 le mètre.	500			
50 kilog. de fil, à 3 fr. le kilog.	150			
100 mètres de percale, à 3 fr. le mètre.	300		950	
Du 25 id.				
Reçu de M. Logerais, de Baugé, valeur en compte :				
Espèces.	600			
Escompte que je lui ai accordé.	20		620	
Du 27 id.				
Vendu à M. Toulon, de Montsoreau, suivant facture de ce jour :				
250 bouteilles de Bordeaux, à 3 fr. la bouteille. . .	750			
50 bouteilles de Champagne, à 3 fr. la bouteille. . .	150			
100 litres d'alcool, à 2 fr. le litre.	200		1100	

	FR.	C.	FR.	C.
Du 27 janvier.				
M. Toulon, de Monsoreau, m'a remis à valoir sur ce qu'il me doit :				
Un Billet S/. O/., de Fontaine, d'Angers, 15 mars 1864.	300			
Un B/. S/. O/., de Robineau, de Beaufort, au 1ᵉʳ avril 1864.	400			
S/. B/. M/. O/., au 15 avril 1864.	200		900	
Du 29 id.				
Vendu à M. Logerais, de Baugé, suivant facture :				
10 barriques de vin blanc, à 90 fr. la barrique. . . .	900		900	
M. Logerais m'a remis à valoir :				
En espèces.	400			
4 barriques de cidre, à 25 fr. la barrique.	100		500	
Du 30 id.				
Remis ce jour à M. Thibault, valeurs en compte :				
En espèces.	500			
M/. B/. S/. O/., au 1ᵉʳ mars 1864.	600		1100	
Du 31 id.				
Vendu à M. Leduc, de Loudun, suivant facture de ce jour :				
25 douzaines de mouchoirs, à 20 fr. la douzaine. . .	500			
100 kilog. de fil, à 3 fr. le kilog.	300			
5 pièces de toile de 60 mètres la pièce, à 3 fr. 50 le mètre.	1050		1850	
Du 31 id.				
M. Leduc m'a remis valeurs en paiement :				
En espèces.	1000			
S/. B/. M/. O/., au 15 mars 1864.	850		1850	
Du 31 id.				
Versé à la caisse de M. Durand, mon banquier :				
En espèces.	1000		1000	
Du 31 id.				
M. Durand m'a remis, ce jour, un mandat sur Paris, 15 fév.	500		500	
Du 31 id.				
Vendu au comptant les marchandises suivantes :				
8 barriques de vin rouge, à 95 fr. la barrique. . . .	760			
5 barriques vin blanc, à 85 fr. la barrique.	425		1185	

JOURNAL.

ЖУРНАЛЪ

JOURNAL.

Folio du g^d-livre.		FR.	C.	FR.	C

<table>
<tr><td>Folio du g^d-livre.</td><td></td><td>FR.</td><td>C.</td><td>FR.</td><td>C</td></tr>
</table>

Du premier janvier mil huit cent soixante-quatre.

| 1 | DOIT M. Simon, de Doué, suivant inventaire : | | | | |
| | Pour solde de son compte. . . . . . . | | | 900 | |

———— *Du 1er id.* ————

| 1 | DOIT M. Laurent, de Beaufort, suivant inventaire : | | | | |
| | Pour solde de son compte. . . . . . . | | | 1000 | |

———— *Du 1er id.* ————

| 1 | AVOIR M. Leblanc, de Cholet, suivant inventaire : | | | | |
| | Solde de mon compte. . . . . . . | | | 400 | |

———— *Du 1er id.* ————

| 1 | AVOIR M. Girard, d'Angers, suivant inventaire : | | | | |
| | Solde de mon compte. . . . . . . | | | 800 | |

———— *Du 2 id.* ————

	ACHETÉ AU COMPTANT les objets mobiliers suivants :				
	Un bureau.	150	»		
	Une pendule de cabinet.	100	»		
	Une table.	20	»		
	Une douzaine de chaises.	40	»	310	

———— *Du 3 id.* ————

2	DOIT M. Georget, de Bourgueil, suivant facture :				
	4 barriques, vin blanc, à 80 fr. la barrique. .	320	»		
	Une barrique, vin blanc, 1re qualité, à 200 fr.	200	»		
	30 bouteilles de Cognac, à 3 fr. la bouteille. .	90	»	610	

———— *Du 4 id.* ————

2	AVOIR M. Brunet, de Montreuil, suivant facture :				
	10 barriques de vin blanc, à 60 fr. l'une. . .	600	»		
	25 barriques de vin rouge, à 80 fr. la barrique.	2000	»	2600	

———— *Du 4 id.* ————

| 1 | AVOIR M. Simon, de Doué, sa remise de ce jour : | | | | |
| | En espèces. . . . . | 600 | | | |

3

folio du livre.		FR.	C.	FR.	C.
	Du 5 janvier.				
2	AVOIR M. Robin, de Vihiers, suivant facture :				
	200 kilog. de fil, à 3 fr. le kilog.	600	»		
	2 pièces de toile de 30 mètres chacune, ensemble 60 mètres, à 3 fr. le mètre. . .	180	»	780	
	_Du 5 id._				
1	DOIT M. Girard, d'Angers, ma remise :				
	Espèces à valoir en compte.			400	
	_Du 6 id._				
2	DOIT M. Denis, de Gennes, suivant facture :				
	5 barriques de vin blanc, à 70 fr. la barrique.	350	»		
	4 id. vin rouge, à 80 fr. la barrique.	320	»		
	25 bouteilles de Champagne, à 2 fr. la bouteille.	50	»	720	
	_Du 6 id._				
	ACHETÉ AU COMPTANT de Baron, de Cholet, les marchandises suivantes :				
	360 mètres de toile, à 4 fr. le mètre. . . .	1440	»		
	3 douzaines de mouchoirs, à 15 fr. la douzaine.	45	»	1485	
	_Du 7 id._				
2	AVOIR M. Grosbois, d'Angers, suivant facture :				
	400 mètres de percale, à 3 fr. le mètre. .	1200	»		
	100 kilog. de fil, à 2 fr. le kilog.	200	»	1400	
	_Du 8 id._				
3	DOIT M. Logerais, de Baugé, suivant facture :				
	4 pièces de toile de 50 mètres chacune, ensemble 200 mètres, à 4 fr. 50 le mètre. .	900	»		
	50 mètres de calicot, à 2 fr. le mètre. . .	100	»	1000	
	_Du 8 id._				
	AVOIR M. Delabaie, de Chinon, suivant facture :				
	30 barriques de vin rouge, à 50 fr. la barrique.			1500	
	_Du 9 id._				
	AVOIR M. Georget, de Bourgueil, sa remise valeur en compte :				
	S/. B/. M/. O/., au 1er avril 1864.			400	

Folio du gd-livre.		FR.	C.	FR.	
	Du 10 janvier.				
2	Avoir M. Denis, de Gennes, sa remise valeur en compte: S/. B/. M/. O/., au 1er mars 1864. . . .			500	
	_Du 11 id._				
3	Doit M. Bélot, de Longué, suivant facture :				
	4 barriques de vin blanc, à 90 fr. la barrique.	360	»		
	2 barriques de vin rouge, à 100 fr. l'une. .	200	»	560	
	_Du 12 id._				
	Doit M. Grosbois, d'Angers, ma remise de ce jour :				
	En espèces.	200	»		
	M/. B/. S/. O/., au 15 février 1864. . . .	800	»	1000	
	_Du 13 id._				
3	Avoir M. Toulon, de Montsoreau, suivant facture :				
	4 barriques de vin blanc, à 75 fr. la barrique.	300	»		
	5 barriques de vin blanc, à 80 fr. la barrique.	400	»	700	
	_Du 14 id._				
3	Doit M. Durand, mon banquier, mon versement de ce jour, valeurs en compte :				
	En espèces.	1000	»		
	B/. de Teissier, de Chinon, 1er mars 1864. .	1000	»	2000	
	_Du 15 id._				
4	Avoir M. Moreau, de Beaufort, suivant facture :				
	10 douzaines de serviettes, à 20 fr. la douzaine	200	»		
	2 pièces de toile de 60 mètres chacune, ensemble 120 mètres, à 2 fr. 50 le mètre. .	300	»	500	
	_Du 16 id._				
3	Doit M. Delahaie, de Chinon, suivant facture :				
	20 douzaines de mouchoirs, à 20 fr. la douzaine	400	»		
	Une pièce de toile de 80 mètres, à raison de 3 fr. le mètre.	240	»		
	10 douzaines de serviettes, à 22 fr. la douzaine.	220	»	860	

olio du livre.		FR.	C.	FR.	C.
	Du 17 janvier.				
3	AVOIR M. Delahaie, de Chinon, sa remise de ce jour, valeur en compte :				
	En espèces.	400	»		
	Escompte que je lui ai accordé.	10	»		
	Un B/. S/. O/. de Delarue, de Tours, 1er mars 1864.	450	»	860	
	_Du 18 id._				
4	AVOIR M. Langlois, de Cholet, suivant facture :				
	50 douzaines de mouchoirs, à 12 fr. la douzaine	600	»		
	20 douzaines de serviettes, à 20 fr. la douzaine	400	»	1000	
	_Du 18 id._				
4	DOIT M. Langlois, de Cholet, ma remise de ce jour, valeur en compte :				
	En espèces.	400	»		
	Un B/. M/. O/. de M. Denis, de Gennes. . .	500	»	900	
	_Du 19 id._				
4	DOIT M. Rochard, de Vihiers, suivant facture :				
	100 mètres de toile, à 3 fr. le mètre. . . .	300	»		
	10 douzaines de serviettes, à 22 fr. la douzaine.	220	»		
	10 douzaines de mouchoirs blancs, à 15 fr. la douzaine.	150	»	670	
	_Du 19 id._				
4	AVOIR M. Rochard, de Vihiers, sa remise à valoir :				
	En espèces.	200	»		
	S/. B/. M/. O/., au 15 mars 1864. . . .	400	»	600	
	_Du 20 id._				
3	DOIT M. Logerais, de Baugé, suivant facture :				
	30 douzaines de mouchoirs blancs, à 15 fr. la douzaine.	450	»		
	5 douzaines Cambrai, à 20 fr. la douzaine. .	100	»		
	20 mètres de coton, à 2 fr. 50 le mètre. . .	50	»	600	

Folio du g^d-livre.		FR.	C.	FR.

Folio du gᵈ-livre.		FR.	C.	FR.
	Du 21 janvier.			
4	DOIT M. Langlois, de Cholet, ma remise de ce jour à valoir :			
	En espèces.			300
	Du 21 id.			
2	DOIT M. Georget, de Bourgueil, suivant facture :			
	6 barriques de vin blanc, à 80 fr. la barrique.	480	»	
	2 id. vin rouge, à 90 fr. la barrique.	180	»	660
	Du 21 id.			
2	AVOIR M. Georget, de Bourgueil, sa remise :			
	En espèces.	400	»	
	S/. B/. M/. O/., au 25 février 1864. . . .	200	»	600
	Du 22 id.			
4	AVOIR M. Thibault, de Saint-Florent :			
	15 barriques de vin blanc, à 70 fr. la barrique	1050	»	
	100 bouteilles de Champagne, à 2 fr. la bout.	200	»	
	50 bouteilles de Cognac, à 3 fr. la bouteille.	150	»	1400
	Du 22 id.			
2	DOIT M. Denis, de Gennes, suivant facture :			
	4 barriques de vin rouge, à 100 fr. la barrique	400	»	
	4 id. vin blanc, à 85 fr. la barrique.	340	»	
	20 litres de Cognac, à 3 fr. 50 le litre. . . .	70	»	
	25 bouteilles de Champagne, à 3 fr. la bouteille	75	»	885
	Du 22 id.			
2	AVOIR M. Denis, de Gennes, sa remise de ce jour, valeur en compte :			
	Un B/. S/. O/. sur Aubert, de Tours, 1er avril 1864.	400	»	
	Un B/. S/. O/. sur Hubert, d'Angers, 15 mars.	300	»	
	En espèces.	100	»	800
	Du 23 id.			
3	DOIT M. Bélot, de Longué, suivant facture :			
	50 bouteilles de Champagne, à 2 fr. 50 la bout.	125	»	
	40 bouteilles de Cognac, à 4 fr. la bouteille.	160	»	285

Folio du gd-livre.		FR.	C.	FR.	C.
	_______ *Du 23 janvier.* _______				
3	DOIT M. Durand, banquier, mon versement de ce jour, valeurs en compte :				
	En espèces.	1000	»		
	B/. M/. O/. de Georget, au 25 février 1864. .	200	»		
	B/. M/. O/. de Vezin, de Mazé, 1ᵉʳ avril 1864.	1000	»	2200	
	_______ *Du 23 id.* _______				
3	AVOIR M. Bélot, de Longué, sa remise à valoir :				
	En espèces.			100	
	_______ *Du 24 id.* _______				
4	DOIT M. Rochard, de Vihiers, suivant facture :				
	5 pièces de toile de 40 mètres chacune, ensemble 200 mètres, à 2 fr. 50 le mètre. .	500	»		
	50 kilog. de fil, à 3 fr. le mètre.	150	»		
	100 mètres de percale, à 3 fr. le mètre. . .	300	»	950	
	_______ *Du 25 id.* _______				
3	AVOIR M. Logerais, de Baugé, sa remise, valeur en compte :				
	En espèces.	600	»		
	Escompte que je lui ai accordé.	20	»	620	
	_______ *Du 27 id.* _______				
3	DOIT M. Toulon, de Montsoreau, suivant facture de ce jour :				
	250 bouteilles de Bordeaux, à 3 fr. la bouteille	750	»		
	50 bouteilles de Champagne, à 3 fr. la bouteille	150	»		
	100 litres d'alcool, à 2 fr. le litre.	200	»	1100	
	_______ *Du 27 id.* _______				
3	AVOIR M. Toulon, de Montsoreau, sa remise, valeur en compte :				
	Un B/. S/. O/. de Fontaine, d'Angers, 15 mars	300	»		
	Un B/. S/. O/. de Robineau, de Beaufort, au 1ᵉʳ avril 1864.	400	»		
	S/. B/. M/. O/., au 15 avril 1864.	200	»	900	

Folio du gᵈ-livre.		FR.	C.	FR.	C.
	Du 29 janvier.				
3	DOIT M. Logerais, de Baugé, suivant facture :				
	10 barriques de vin blanc, à 90 fr. la barrique.	900	»	900	
	Du 29 id.				
	AVOIR M. Logerais, de Baugé, sa remise :				
	En espèces.	400	»		
	4 barriques de cidre, à 25 fr. la barrique.	100	»	500	
	Du 30 id.				
4	DOIT M. Thibault, de St-Florent, ma remise de ce jour:				
	En espèces.	500	»		
	M/. B/. S/. O/., au 15 mars 1864.	600	»	1100	
	Du 31 id.				
5	DOIT M. Leduc, de Loudun, suivant facture de ce jour :				
	25 douzaines de mouchoirs, à 20 fr. la douzaine	500	»		
	100 kilog. de fil, à 3 fr. le kilog.	300	»		
	5 pièces de toile de 60 mètres la pièce, ensemble 300 mètres, à 3 fr. 50 le mètre. . .	1050	»	1850	
	Du 31 id.				
5	AVOIR M. Leduc, de Loudun, sa remise :				
	En espèces.	1000	»		
	S/. B/. M/. O/., au 15 mars 1864. . . .	850	»	1850	
	Du 31 id.				
3	DOIT M. Durand, banquier, mon versement de ce jour:				
	En espèces.			1000	
	Du 31 id.				
3	AVOIR M. Durand, banquier, sa remise de ce jour, valeur en compte :				
	Son Mandat sur Paris, 15 février.			500	
	Du 31 id.				
	VENDU AU COMPTANT les marchandises suivantes :				
	8 barriques de vin rouge, à 95 fr. la barrique.	760	»		
	5 barriques vin blanc, à 85 fr. la barrique.	425	»	1185	

Folio du g^d livre.		FR.	C.	FR.	C.
	Du 31 janvier.				
	FRAIS de commerce et entretien de ma maison pendant le mois de janvier 1864.			500	
	FIN DU JOURNAL.				

GRAND-LIVRE.

MOIS.	DATE.	ANALYSE.	Folio du journal.	FR.	C.
		Doit *M. Simon,*			
1864 janv.	1	Suivant inventaire.	15	900	»
1864 fév.	1	Solde à nouveau.		300	
		Doit *M. Laurent,*			
janvier.	1	Suivant inventaire.	15	1000	
1864 fév.	1	Solde à nouveau.		1000	
		Doit *M. Leblanc,*			
1864 janv.	31	Balance.		400	
		Doit *M. Girard,*			
janvier.	5	Ma remise.	16	400	
janvier.	31	Balance.		400	
				800	

MOIS.	DATE.	ANALYSE.	Folio du journal.	FR.	C.
		de Doué. **Avoir**			
1864 janv.	4	Sa remise.	15	600	»
janvier.	31	Balance pour solde d'inventaire.		300	
				900	
		de Beaufort. **Avoir**			
1864 janv.	31	Balance.		1000	
		de Cholet. **Avoir**			
1864 janv.	1	Suivant inventaire.	15	400	
1864 fév.	1	Solde à nouveau.		400	
		d'Angers. **Avoir**			
1864 janv.	1	Suivant inventaire.	15	800	
février.	1	Solde à nouveau.		400	

MOIS.	DATE.	ANALYSE.	Folio du journal.	FR.	C.
		Doit *M. Georget,*			
1864 janv.	3	Suivant ma facture.	15	610	»
id.	21	Ma facture.	19	660	
				1270	
février.	1	Solde à nouveau.		270	
		Doit *M. Brunet,*			
janvier.	31	Balance.		2600	
		Doit *M. Robin,*			
janvier.	31	Balance.		780	
		Doit *M. Denis,*			
1864 janv.	6	Ma facture.	16	720	
id.	22	Ma facture.	19	885	
				1605	
février.	1	Solde à nouveau.		305	

MOIS.	DATE	ANALYSE.	Folio du journal.	FR.
de Bourgueil.		**Avoir**		
1864 janv.	9	Sa remise.	16	400 »
id.	21	Sa remise.	19	600
janvier.	31	Balance.		270
				1270
de Montreuil.		**Avoir**		
1864 janv.	4	Sa facture.	15	2600
février.	1	Solde à nouveau.		2600
de Vihiers.		**Avoir**		
1864 janv.	5	Sa facture.	16	780
février.	1	Solde à nouveau..		780
de Gennes.		**Avoir**		
1864 janv.	10	Sa remise.	17	500
id.	22	Sa remise.	19	800
janvier.	31	Balance.		305
				1605

MOIS.	DATE.	ANALYSE.	Folio du journal.	FR.	C.
		Doit M. *Grosbois,*			
1864 janv.	12	Ma remise.	17	1000	»
janvier.	31	Balance.		400	»
				1400	»
		Doit M. *Logérais,*			
1864 janv.	8	Ma facture.	16	1000	
id.	20	Ma facture.	18	600	
id.	29	Ma facture.	21	900	
				2500	
février.	1	Solde à nouveau.		1380	
		Doit M. *Delahaie,*			
1864 janv.	16	Ma facture.	17	860	
janvier.	31	Balance.		1500	
				2360	
		Doit M. *Bélot,*			
1864 janv.	11	Ma facture.	17	560	
id.	23	Ma facture.	19	285	
				845	
février.	1	Solde à nouveau.		745	

MOIS.	DATE.	ANALYSE.	Folio du journal.	FR.
d'Angers.		**Avoir**		
1864 janv.	7	Sa facture.	16	1400
février.	1	Solde à nouveau.		400
de Baugé.		**Avoir**		
1864 janv.	25	Sa remise.	20	620
id.	29	Sa remise espèces et marchandises.	21	500
janvier.	31	Balance.		1380
				2500
de Chinon.		**Avoir**		
1864 janv.	8	Sa facture.	16	1500
id.	17	Sa remise.	18	860
				2360
février.	1	Solde à nouveau.		1500
de Longué.		**Avoir**		
1864 janv.	23	Sa remise.	20	100
janvier.	31	Balance.		785
				845

MOIS.	DATE.	ANALYSE.	Folio du journal.	FR.	C.
		Doit M. *Toulon*,			
1864 janv.	27	Ma facture.	20	1100	»
janvier.	31	Balance.		500	»
				1600	»
		Doit M. *Durand*,			
1864 janv.	14	Mon versement.	17	2000	
id.	23	Mon versement.	20	2200	
id.	31	Mon versement.	21	1000	
				5200	
février.	1	Solde à nouveau.		4700	
		Doit M. *Moreau*,			
janvier.	31	Balance.		500	
		Doit M. *Langlois*,			
1864 janv.	18	Ma remise.	18	900	
id.	20	Ma remise.	19	300	
				1200	
février.	1	Solde à nouveau.		200	

MOIS.	DATE.	ANALYSE.	Folio du journal.	FR.
		de Montsoreau. **Avoir**		
1864 janv.	13	Sa facture.	17	700
id.	27	Sa remise.	20	900
				1600
février.	1	Solde à nouveau.		500
		banquier. **Avoir**		
1864 janv.	31	Sa remise sur Paris.	21	500
janvier.	31	Balance.		4700
				5200
		de Beaufort. **Avoir**		
1864 janv.	15	Sa facture.	17	500
février.	1	Solde à nouveau.		500
		de Cholet. **Avoir**		
1864 janv.	18	Sa facture.	18	1000
janvier.	31	Balance.		200
				1200

MOIS.	DATE.	ANALYSE.	Folio du Journal.	FR.	C.
		Doit M. Rochard,			
1864 janv.	19	Ma facture.	18	670	»
id.	24	Ma facture.	20	950	»
				1620	»
février.	1	Solde à nouveau.		1020	»
		Doit M. Thibault,			
1864 janv.	30	Ma remise.	21	1100	
janvier.	31	Balance.		300	
				1400	
		Doit M. Leduc,			
1864 janv.	31	Ma facture.	21	1850	
		Doit			

MOIS.	DATE.	ANALYSE.	Folio du journal.	FR.	C.
de Vihiers.		**Avoir**			
1864 janv.	19	Sa remise.	18	600	»
janvier.	31	Balance.		1020	»
				1620	»
de Saint-Florent.		**Avoir**			
1864 janv.	22	Sa facture.	19	1400	
février.	1	Solde à nouveau.		300	
de Loudun.		**Avoir**			
1864 janv.	31	Sa remise.	21	1850	
		Avoir			

NOM.	DATE	LIVRÉES.	FR.	C.
de l'Thier.		**Doit.**		
1851 janv. 10	Sa remise		18	400
Janvier 31	Balance.			1050
				1050
à Saint-Thoma.		**Avoir.**		
1851 janv. 29	Sa facture.		19	1400
février 1	Solde à nouveau			800
de London.		**Avoir.**		
1851 juin 31	Sa remise.		21	1850
		Doit.		

LIVRE DE CAISSE.

Il faut porter exactement au *Doit* de ce compte toutes les sommes que l'on reçoit; et à l'*Avoir* toutes les espèces qui sortent de la caisse. On fait la *balance* tous les soirs, si les affaires de la maison sont assez importantes pour nécessiter cette opération, et toutes les semaines seulement, dans le cas contraire. On compte les espèces en caisse, et, après s'être assuré que la somme est bien égale à la balance trouvée, on porte celle-ci du côté le plus faible. On clôt alors le compte, et l'on porte le *solde à nouveau* avec cette indication : *espèces en caisse.*

LIVRE D'ENREGISTREMENT

Nos d'ordre	BILLET OU TRAITE DE	ORDRE DE	FOURNI PAR	DATE DE L'ENTRÉE.
1	B/. de Tessier, de Chinon.	M/. O/.	Teissier, de Chinon. . .	Suiv. inv.
2	B/. de Vezin, de Mazé. .	M/. O/.	Vezin, de Mazé. . . .	Suiv. inv.
3	B/. de Georget, Bourgueil.	M/. O/.	Georget, de Bourgueil. .	9 janv.
4	B/. de Denis, de Gennes.	M/. O/.	Denis, de Gennes. . . .	10 janv.
5	B/. de Delarue, de Tours.	O/. Delahaie.	Delahaie, de Chinon. .	17 janv.
6	B/. de Rochard, Vihiers.	M/. O/.	Rochard, de Vihiers. . .	19 janv.
7	B/. de Georget, Bourgueil.	M/. O/.	Georget, de Bourgueil. .	21 janv.
8	B/. Aubert, de Tours. .	O/. de Denis.	Denis, de Gennes. . . .	22 janv.
9	B/. Hubert, d'Angers. . .	O/. de Denis.	Denis, de Gennes. . . .	22 janv.
10	B/. de Fontaine, d'Angers.	O/. Toulon.	Toulon, de Montsoreau. .	27 janv.
11	B/. de Robineau, Beaufort.	O/. Toulon.	Toulon, de Montsoreau. .	27 janv.
12	B/. de Toulon, Montsoreau.	M/. O/.	Toulon, de Montsoreau. .	27 janv.
13	B/. de Leduc, de Loudun.	M/. O/.	Leduc, de Loudun. . .	1 janv.

DES EFFETS A RECEVOIR.

| MONTANT | | LIEU DE PAIEMENT. | DATE DE L'ÉCHÉANCE. | NÉGOCIÉ A | DATE DE SORTIE. |
FR.	C.				
1000	»	à Chinon.	1 mars 1864	Durand, banquier	14 janvier
1000	»	à Mazé.	1 avril 1864.	Durand, banquier	23 janvier
400	»	à Bourgueil.	1 avril 1864.		
500	»	à Gennes.	1 mars.	Langlois, Cholet.	18 janvier
450	»	à Tours, rue.... . . .	1 mars.		
400	»	à Vihiers.	15 mars.		
200	»	à Bourgueil.	25 février.	Durand, banquier	23 janvier
400	»	à Tours.	1 avril.		
300	»	à Angers, rue Saint-Laud.	15 mars.		
300	»	à Angers, rue.... . . .	15 mars.		
400	»	à Beaufort.	1 avril.		
200	»	à Montsoreau.	15 avril.		
850	»	à Loudun.	15 mars.		

Nous voyons par ce tableau que quatre billets seulement ont été négociés, et qu'il en reste neuf en portefeuille.

ENREGISTREMENT DES EFFETS A RECEVOIR.

Quand un commerçant reçoit en paiement un B/. à ordre ou une Traite il applique sur ce billet ou sur la traite le timbre ou cachet de sa maison. C'est sur l'empreinte même de ce timbre qu'il écrit le n° d'ordre que nous voyons figurer dans la première colonne à gauche. Le titre des autres colonnes indique suffisamment leur usage, et rien de plus aisé que d'enregistrer un billet.

Toutes les fois qu'un Effet à recevoir est tiré du portefeuille et donné en paiement ou encaissé, il doit en être fait mention dans la colonne intitulée *négocié à*.

DOIT.

1864 janv.	1	Versé en caisse suivant inventaire.	4000	
janvier.	4	Remise de Simon.	600	
				4600	
janvier.	15	Espèces en caisse.	1205	
id.	17	Remise de Delahaie.	400	
id.	19	Remise de Rochard.	200	
id.	21	Remise de Georget.	400	
id.	22	Remise de Denis.	100	
id.	23	Remise de Bélot.	100	
id.	25	Remise de Logerais.	600	
id.	29	Remise du même.	400	
id.	31	Remise de Leduc.	1000	
id.	31	Vente au comptant.	1185	
				5590	
février.	1	Espèces en caisse.	1890	

DE CAISSE.

AVOIR.

1864 janv.	2	Achat de mobilier au comptant.		310
id.	5	Ma remise à Girard.		400
id.	6	Payé à Baron sa facture.		1485
id.	12	Ma remise à Grosbois.		200
id.	14	Mon versement chez Durand, mon banquier.		1000
				3395
			Balance.	1205
				4600
janvier.	18	Ma remise à Langlois.		400
id.	21	Ma remise à Langlois.		300
id.	23	Mon versement chez Durand.		1000
id.	30	Ma remise à Thibault.		500
id.	31	Mon versement chez Durand.		1000
id.	31	Frais de commerce et dépenses de maison.		500
			Balance.	1890
				5590

ENREGISTREMENT DES EFFETS A PAYER.

Les Effets à payer sont de deux sortes :

1° Les billets souscrits par le commerçant ;
2° Les traites qu'il a acceptées.

Le livre d'enregistrement des Effets à payer n'est en usage que dans le grand commerce ; et les marchands en détail ne souscrivent point assez de billets pour avoir besoin d'un livre d'enregistrement des Effets à payer. Nous ne donnons ce livre qu'à titre de renseignement.

INVENTAIRE GÉNÉRAL

ACTIF.

Espèces en caisse.				1890	
Mobilier.				6310	
Débiteurs par compte.					
Simon,	de	Doué.		300	
Laurent,	de	Beaufort.		1000	
Georget,	de	Bourgueil.		270	
Denis,	de	Gennes.		305	
Logerais,	de	Baugé.		1380	
Bélot,	de	Longué.		745	
Durand,	de	Saumur.		4700	
Langlois,	de	Cholet.		200	
Rochard,	de	Vihiers.		1020	9920
Billets à recevoir.					
B/. de Georget, de Bourgueil,		1 avril.		400	
B/. de Delarue, de Tours,		1 mars.		450	
B/. de Rochard, de Vihiers,		15 mars.		400	
B/. de Aubert, de Tours,		1 avril.		400	
B/. de Hubert, d'Angers,		15 mars.		300	
B/. de Fontaine, d'Angers,		15 mars.		300	
B/. de Robineau, de Beaufort,		1 avril.		400	
B/. de Toulon, de Montsoreau,		15 avril.		200	
B/. de Leduc, de Loudun,		15 mars.		850	3700
A reporter.					21820

DU MOIS, DE JANVIER.

PASSIF.

Créanciers par compte.

Leblanc,	de	Cholet.	400	
Girard,	d'	Angers.	400	
Brunet,	de	Montreuil.	2600	
Robin,	de	Vihiers.	780	
Grosbois,	d'	Angers.	400	
Delahaie,	de	Chinon.	1500	
Toulon,	de	Montsoreau.	500	
Moreau,	de	Beaufort.	500	
Thibault,	de	Saint-Florent.	300	7380

Billets à payer.

M/. B/. O/. de Raimond, de Baugé,	1 mai.	400	
M/. B/. O/. de Félix, de Nantes,	15 mars.	1000	
M/. B/. O/. de Grosbois, d'Angers,	15 février.	800	
M/. B/. O/. de Thibault, de Saint-Florent,	15 mars.	600	2800

Total du passif 10180

DU MOIS DE JANVIER

[illegible]		
[illegible]	[illegible]	500
[illegible]	[illegible]	800
[illegible]	[illegible]	3000
[illegible]	[illegible]	750
[illegible]	[illegible]	400
[illegible]	[illegible]	1300
[illegible]	[illegible]	800
[illegible]	[illegible]	200
[illegible]	[illegible]	800	7380

Total à payer

[illegible]	[illegible]	500
[illegible]	15 mars	400
[illegible]	15 février	800
[illegible]	15 mars	600

0980

Total au passif 10180

INVENTAIRE GÉNÉRAL.

En tête de l'actif, nous portons les espèces en caisse, puis la valeur du mobilier, augmentée de 310 fr. depuis le dernier inventaire (Voir au journal, 2 janvier).

Nous recommanderons de nouveau ce que nous avons déjà dit. Il faut laisser aux élèves le soin de trouver la balance de tous les comptes au grand-livre, de porter le solde à nouveau et de faire le relevé de tous les soldes débiteurs et créditeurs qui doivent figurer à l'inventaire. Ils devront également faire le relevé des effets à recevoir qui n'ont point encore été négociés. Même opération pour les effets à payer. Il ne reste plus alors qu'à faire l'estimation des marchandises en magasin.

Ces opérations terminées, on prend la différence entre l'actif et le passif, ce qui donne le capital net du commerçant. On compare ce capital à celui obtenu au dernier inventaire, et la différence donne les bénéfices réalisés ou la perte éprouvée.

Nᵒˢ D'ORDRE.	DATE DE LA CONFECTION DE L'EFFET.		NATURE.	ORDRE.
1	Suivant inventaire.		M/. B/.	de Raimond, de Baugé.
2	Suivant inventaire.		M/. B/.	de Félix, de Nantes.
3	janvier.	12	M/. B/.	de Grosbois, d'Angers.
4	janvier.	30	M/. B/.	de Thibault, de St-Florent.

DES EFFETS A PAYER.

ÉCHÉANCES.	MONTANT.		OBSERVATIONS.
1 mai 1864.	400	»	
15 mars.	1000	»	
15 février 1864.	800	»	
15 mars.	600	»	

ACTIF.

Report de l'actif.	21820	

Marchandises (en magasin.

20 barriques de vin blanc, à 60 fr. la barrique.	1200	
50 id. id. à 80 fr. la pièce.	2400	
4 barriques de cidre, à 25 fr. la barrique.	100	
31 barriques de vin rouge, à 80 fr. la pièce.	2480	
3 barriques de Bordeaux, à 300 fr. la barrique.	900	
300 bouteilles de Cognac, à 3 fr. la bouteille.	900	
500 bouteilles de Champagne, à 2 fr. la bouteille.	1000	
200 litres d'alcool, à 3 fr. le litre.	600	
400 mètres de toile, à 3 fr. le mètre.	1200	
100 douzaines de mouchoirs, à 12 fr. la douzaine.	1200	
50 douzaines, à 15 fr. la douzaine.	750	
50 douzaines de serviettes, à 20 fr. la douzaine.	1000	
480 mètres de calicot, à 3 fr. le mètre.	1440	
500 kilog. de fil, à 2 fr. 60 le kilog.	1300	16470
Total général de l'actif.		38290
Passif.		10180
Il reste.		28110

Il résulte, de l'inventaire ci-dessus, que notre commerçant possède, au 31 janvier, un capital net de 28110.   28110

Le 21 décembre dernier ce capital était de.   26300

Notre commerçant a, par conséquent, pendant le mois de janvier 1864, gagné net. . . .   1810

L'INVENTAIRE.

PASSIF.

Report du passif.	10180
Total général du passif. . .	10180

RÉPERTOIRE.

A	I	Q
B	J	R
C	K	S
D	L	T
E	M	U
F	N	V
G	O	X
H	P	Y
		Z

PLAN GÉOMÉTRIQUE

DE LA VILLE D'ANGERS

D'après le Plan du Cadastre
Modifié, conformément à l'état actuel de la ville,

Par Abel DUVEAU

Conducteur des Ponts et Chaussées. — Mars 1863.
Feuille grand Colombier, coloriée, **2 fr. 50**
Noire, **2 fr.** »

GUIDE
DE L'APICULTEUR

Par M. DEBEAUVOYS

SIXIÈME ÉDITION

Revue, corrigée et augmentée de deux chapitres sur la fécondation et sur les combats des reines, enrichie de nouvelles gravures.

1 vol. in-12. Prix : 2 fr. 50 cent.

CARTE ROUTIÈRE

STATISTIQUE ET ADMINISTRATIVE DU DÉPARTEMENT
DE MAINE ET LOIRE,

Par **J.-B. Foureault**, Conduct. des Ponts et Chaussées,

Prix :

1 feuille grand colombier colorié..	4 fr.
Collée sur toile avec étui.	6
Collée vernic, gorge et rouleau.	9

Bulletin Historique et Monumental

DE L'ANJOU,

Par M. AIME DE SOLAND.

1 volume grand in 8° publié en 12 livraisons illustrées par des artistes angevins.

8 francs par an.

Histoire du Clergé, de la Noblesse, de la Bourgeoisie et du Peuple.—Chronologie.—Généalogies et blasons.—Légendes,—Biographies.—Médailles.—Origines et usages.—Histoire des Communes.—Histoire des Corporations.—Chansons populaires, etc.

ALMANACH

DES

Populations Religieuses et Agricoles

Pour 1864.

CONTENANT :

Le Calendrier, — les Travaux agricoles de l'année, — les Foires principales des départements,—l'Episcopat français, —le Repos du dimanche,—le Vendredi saint et la première Communion, — le Dimanche des Rameaux, — Mort de Dupuytren, — *Leçons de Droit :* Etat-civil, Mariage, Puissance paternelle, Tutelle, Interdiction,—*Agriculture :* Culture des Plantes, Céréales, Vignes, l'Etable, le Vin, le Cellier, les Rations des Vaches, les Pommes de terre, le Lin et le Chanvre, — *Soufrage de la Vigne :* Ouvriers soufreurs, Instructions et soins qu'ils doivent recevoir, — *Apiculture :* Essaimage.

Un joli volume in-18. Prix : **20** centimes.

Sous presse :

DICTIONNAIRE-ANNUAIRE

DE

l'Administration et du Commerce

de Maine-et-Loire.

Un beau volume in-12.

Paroissien Romain à l'usage d'Angers.

Paroissien en gros caractère, tout latin et français, divisé en deux parties : Partie d'été et Partie d'hiver.

Reliure propre.   6 fr

Paroissien in-18 très-complet, tout latin et français.
Reliure propre.   2 50

Paroissien in-32 sur papier raisin. Reliure propre. 1 50

Paroissien in-18 gros caractère. Reliure propre. 3 fr.

www.ingramcontent.com/pod-product-compliance
Lightning Source LLC
LaVergne TN
LVHW010413060726
842526LV00005B/1651